EINFÜHRUNG

Zwischen Gebirge und Meer eingeschlossen, ist das Fürstentum Monaco im Lauf der Jahre zu einem internationalen Anziehungspunkt und Touristenzentrum von grossem Ruf geworden. Dieser kleine souveräne Staat, in dem etwa 30.000 Personen ihren Wohnsitz und 4.500 davon die monegassische Nationalität haben, nimmt jede Saison tausende von Besuchern auf.

Das Fürstentum Monaco umfasst: den Felsen (Le Rocher), der den Hafen beherrscht und auf dem der Fürstenpalast gebaut ist, die Viertel von La Condamine, Les Moneghetti, Monte-Carlo, wo das Kasino steht, und Le Tenao, sowie die neuen Viertel von Larvotto und Fontvieille, die kürzlich auf dem Meer abgewonnenen Terrain angelegt wurden.

1989 hat das Fürstentum mit Eifer die 40 Regierungsjahre seines Herrschers gefeiert. Fürst Rainier III, umgeben von seinen Kindern, den Prinzessinnen Caroline, Stéphanie und dem Erbprinzen Albert, hat es verstanden, Monaco den nötigen Schwung für seine wirtschaftliche, kulturelle und touristische Entwicklung zu geben, wobei er die Traditionen gewahrt hat, die diesem Land erlaubt haben, seit 500 Jahren seine Unabhängigkeit zu behalten.

Fürst von Monaco und der Erbprinz.

Stammbaum der Familie Grimaldi, im Museum des Fürstenpalastes. ▷

OTTO CANELLA
GRIMALDO CANELLA
EPOUSE CORRADINE SPINOLA
OBERTO GRIMALDI
GRIMALDO GRIMALDI
EPOUSE MARGUERITE RUFFO
LANFRANCO GRIMALDI
RAINIER IER
AMIRAL DE FRANCE EN 1304
CHARLES IER
SEIGNEUR DE MONACO ET MENTON
AMIRAL DE FRANCE
RAINIER II
EPOUSE ILARIA DEL CARETTO
EPOUSE POMELINE FREGOSE
JEAN IER
CATALAN
EPOUSE JEANNE DE PONTEVES
CLAUDINE
LAMBERT GRIMALDI
AUGUSTIN
EVEQUE DE GRASSE
SEIGNEUR DE MONACO EN 1523
LUCIEN
EPOUSE HIPPOLYTE TRIVULCE
EPOUSE ANTOINETTE DE SAVOIE
JEAN II
HERCULE IER
HONORE IER
CHARLES II
SEIGNEUR DE MONACO
EPOUSE MARIE LANDI DE VALDETARE
EPOUSE CHARLOTTE DE GRAMONT
HONORE II
EPOUSE LOUISE FELICITE VICTOIRE D'AUMONT
DUCHESSE DE MAZARIN
GOYON-MATIGNON
HERCULE
MARQUIS DES BAUX
EPOUSE MARIE DE LORRAINE
EPOUSE ANTOINETTE GHISLAINE DE MERODE
ANTOINE IER
LOUISE-HIPPOLYTE
EPOUSE JACQUES IER
HONORE IV
CHARLES III
FLORESTAN IER
HONORE V
JOSEPH
HONORE III
ALBERT IER
EPOUSE MARIE-VICTOIRE DOUGLAS-HAMILTON
EPOUSE THERESE DE CHOISEUL-STAINVILLE
EPOUSE MARIE-CATHERINE DE BRIGNOLE-SALE
EPOUX PIERRE DE POLIGNAC
LOUIS II
CHARLOTTE
RAINIER III
1923
PRINCE SOUVERAIN DE MONACO
ANTOINETTE
EPOUSE GRACE-PATRICIA KELLY
STEPHANIE
CAROLINE
23 JANVIER 1957
ALBERT
MARQUIS DES BAUX
14 MARS 1958

Der Felsen von Monaco.

GESCHICHTLICHE DARSTELLUNG DES FÜRSTENTUMS

Der Name Monaco kommt wahrscheinlich von dem eines ligurischen Stammes, der sich in der Gegend ansiedelte. Im Lauf der Antike hiess, Strabon zufolge, der alte Herkules-Hafen, von dem zahlreiche Legenden des Mittelmeerbeckens sprechen, Portus Herculis Monoeci.

Mit diesem Hafen, der von allen Seefahrern der Antike besucht wurde, Phöniziern, Griechen, Karthagern, Marseillern, Römern, begann die Bedeutung Monacos.

Im XII. Jahrhundert liessen sich die Genueser durch den Kaiser und König von Germanien, Heinrich VI, die Oberherrschaft über den Hafen und den Felsen verleihen.

1215 schufen sie die Festung, die heute Fürstenpalast geworden ist. 1295 wurden die Grimaldi, eine grosse genuesische Familie der Welfenpartei, in die Provence verbannt, da die Gibellinenpartei die Macht in Genua übernommen hatte.

1297 stellte sich François Grimaldi, genannt «Malizia», in einer Januarnacht, als Mönch verkleidet, am Eingang der Festung vor. Dank dieser List wurden ihm die Türen geöffnet, und mit seinen Begleitern machte er sich zum Herrn der Festung.

Das Wappen der Familie Grimaldi, auf dem sind zwei bewaffnete Mönche dargestellt, erinnert an diese Waffentat.

Die Besatzung der Grimaldi dauerte nur vier Jahre, 1301 mussten sie die Festung räumen und der Republik der Genueser zurückerstatten.

Das der Dynastie der Grimaldi gewidmete Wachsmuseum.

Nach zahlreichen Schicksalswenden kamen die Grimaldi unter der Führung von Charles I nach Monaco zurück, der als der eigentliche Gründer des Hauses Monaco gilt.
Er war es, der die wichtigsten Veränderungen am Felsen und den Befestigungen Monacos vornahm.
Er vergrösserte die Besitzungen, indem er den Herrensitz von Menton und den von Roquebrune kaufte.
1524 stellte sich Monaco durch den Vertrag von Burgos unter spanischen Schutz. 1633 erkannte Spanien Honoré II den Fürstentitel an.
Der Vertrag von Péronne vom 14. September 1641 sicherte seinerseits dem Fürstentum die schützende Freundschaft Frankreichs zu.
Am 15. Februar 1793 wurde das Fürstentum durch die Konvention Frankreich angegliedert. Monaco hiess dann wieder Fort Herkules.
Nach 21 Jahren wurde Fürst Honoré in seine Rechte wiedereingesetzt. Fürst Albert I verkündete die erste Verfassung des Fürstentums am 5. Januar 1911.
Fürst Louis II wurde 1922 sein Nachfolger. In seiner Regierungszeit fand das erste grosse Autorennen (Grand Prix) von Monaco (1929) statt.
Sein Enkel, Fürst Rainier III, bestieg am 9. Mai 1949 den Thron und machte aus seinem Land einen modernen Staat, der bereit ist, in das dritte Jahrtausend einzutreten.

Ehrenhof des Fürstenpalastes.

Thronsaal.

DER PALAST

Vom Waffenplatz ausgehend nimmt man die Hauptrampe, die zum Felsen führt. Dieser Zugangsweg erlaubt, die Reste der alten Festung, besonders den Oreillon-Turm, zu sehen.

Wenn man die letzten Tore durchschritten hat, kommt man zum Palastplatz, der über den Hafen Monacos hinausragt.

Durch das Monumentale Tor, das von den *carabiniers* des Fürsten bewacht wird, gelangt man zum Ehrenhof, auf den die Palastkapelle geht.

Im Ehrenhof werden während des Sommers Konzerte grosser Solisten gegeben, begleitet von dem Philharmonischen Orchester Monte-Carlos.

Eine Renaissancetreppe aus Carrara-Marmor führt zur Herkules-Galerie, deren Gewölbe mit Gemälden des genuesischen Malers Orazio Ferrari geschmückt sind.

Der Eingang zu den «Grossen Wohnungen» führt durch die Spiegelgalerie.

Dieser Teil des Palastes ist dem Publikum zugänglich, wo man den Offizierssalon mit Werken von J. Bressan, des monegassischen Malers, den Roten Salon, auch Vorzimmer von York genannt, besuchen kann; das Zimmer von York, in dem der Bruder Georgs III., des Königs von England, am 14. September 1767 starb, das eine ebenso wichtige Sammlung von Gemälden, besonders von Werken H. Rigauds beherbergt; das Zimmer Louis XV, dessen Möbel aus dem XVIII. Jahrhundert sind, dann kommen der Salon Louis XV oder Blaue Salon und schliesslich der Thronsaal, in dem die offiziellen Zeremonien abgehalten werden, besonders die des Nationalfeiertags.

In diesem Saal fand am 18. April 1956 die standesamtliche Trauung von Fürst Rainier III und Fürstin Grace von Monaco statt. Auf dem Baldachin über dem Thron steht der Wahlspruch der Grimaldi geschrieben «Deo Juvante» (Mit der Hilfe Gottes).

Der Salon Mazarin, dessen Name an die Verbindung zwischen dem Kardinal und der Familie Grimaldi erinnert, das Zimmer Louis XIII, in dem die Werke von Ph. de Champaigne und von L. Giordano zu sehen sind, das Vorzimmer Matignon und das grosse Vestibül beenden den Besuch der «Grossen Wohnungen».

Man kann ihn fortsetzen durch das Museum der Napoleonischen Erinnerungen und der Archive des Fürstenpalastes, das eine wichtige Sammlung von Gegenständen enthält, die an den Kaiser erinnern, die vollständige Sammlung monegassischer Münzen, sowie zahlreicher philatelistischer Dokumente, die sich auf das Fürstentum beziehen.

Die Herkules-Galerie des Palastes.

Der Turm Sainte-Marie und der Uhrturm.

Palastplatz.

Kanonen.

S.A.S. Feue la Princesse GRACE de MONACO.
Par Mr. Rémi MUCINI.

Courtoisie Mr. A. THOURAULT.

◁ *Die Wachablösung in Winteruniform.*

Der Fürstenpalast bei Nacht.

Die Fürstengarde in Galauniform.

Nachtansicht des Hafens und des Palastes.

PALAST VON MONACO:
Kanonen und Wachablösung

Die achtzehn Kanonen und die Pyramiden aus Kanonenkugeln, die auf den Wällen des Palastes aufgestellt sind, versorgen nicht mehr die Stellungen, die zur genuesischen Zeit oder später in der Geschichte die Festung verteidigten.
Die *carabiniers* des Fürsten sind seine persönliche Ehrengarde.
Als Monte-Carlo entstand, war diese Ehrengarde durch eine Nationale Miliz gesichert, dann, ab Juni 1870, durch eine Garde des Fürsten, deren Männer unter den Veteranen der Schweizer Garde des Vatikans rekrutiert wurden. Charles III war dann von Männern umgeben, die von den Monegassen «Papalins» genannt wurden.
Jeden Tag um 11.50 h vollziehen die *carabiniers* in weisser Uniform mit rotem Besatz für die Sommersaison und schwarzem für den Winter, begleitet von ihrer Fanfare, die traditionelle Wachablösung.

Die Wachablösung in Sommeruniform.

Die Kathedrale.

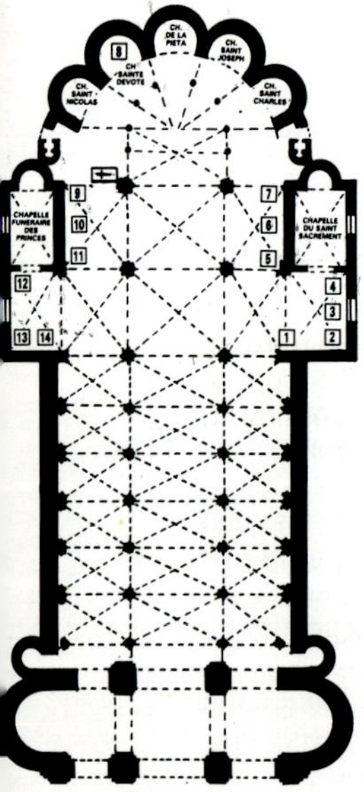

Nachdem man durch das Grosse Portal in die Kathedrale eingetreten ist, führt das ziemlich düstere linke Schiff zu den Fürstengräbern.

1. Simson. Biblisches Werk von G. Reni (XVII. Jh.).
2. Tafeln, die den Hl. Lorenz darstellen.
3. Tafeln, die den Hl. Jakob darstellen.
4. *Pietà del Cura de Testa*, von Louis Bréa (datiert 1505).
5. Der Thronhimmel aus karmesinrotem Samt trägt die Waffen des Fürsten Antoine I und seiner Ehefrau (XVIII. Jh.).

Die Kapelle des Hl. Sakraments beherbergt den Altar des Hl. Sakraments aus vergoldetem roten Nussbaumholz (Stil des XVII. Jh.) und die Gräber der ehemaligen Bischöfe Monacos.

6. Jungfrau Maria des Rosenkranzes.
7. Bild des Todes des Hl. Joseph, des genovesischen Malers Orazio Ferrari (datiert 1650).
8. *Pietà der Weissen Büsser.*

⊟ Grab der Fürstin Grace.

9. *Sainte Dévote:* Schutzheilige Monacos, dargestellt von Louis Bréa mit der Hl. Lucie zu ihrer Rechten und dem Hl. Georg zu ihrer Linken.
10. *Hl. Rochus* (1293-1327).
11. Altarblatt Saint-Nicolas, 1500 von Louis Bréa auf Holz gemalt. Es stellt den Heiligen, umgeben von anderen Heiligen, dar, darunter Sainte Dévote, unten links.

12. 13. 14. Drei Bilder von Mimault (Maler Anfang des XVII. Jh.) 12. Eine Verkündigung. 13. Saint Honoré. 14. Johannes der Täufer.

KATHEDRALE

Über die Promenade Sainte-Barbe, die das Viertel Fontvieille und Kap D'Ail überragt, kommt man vor der Kathedrale in neuromanischem Baustil an, die Januar 1875 begonnen und 1884 dem Gottesdienst übergeben wurde.
Die Diözese Monaco selbst wurde am 15. März 1887 gegründet.
Die über der früheren Kirche Saint Nicolas erbaute Kathedrale ist aus Steinen von La Turbie und von Brescia.
Im Inneren kann man zuerst das Schiff der Kathedrale mit bemerkenswerter Ausstattung sehen: das Orgelgehäuse, die Taufkapelle, der Altar, der Bischofsthron, die Kanzel zum Predigen und das grosse Mosaik der «Mutter Gottes».
Werke des Malers Bréa der Schule von

Die Strasse der Kirche.

Der Brunnen Saint-Nicolas.

Nizza (1505) zieren das westliche Querschiff und die Tür der Sakristei.
Die Grabkapelle der Fürsten von Monaco und die Kapelle des Heiligen Sakraments rahmen den Altar ein.
In dem Chorumgang sind die Fürsten beigesetzt, die regiert haben, sowie die Fürstin Grace von Monaco.
Wenn man durch die Kirchenstrasse geht, dem Justizpalast entlang, kann man den Brunnen des Schutzheiligen der Fischer und Kinder, Sankt Nikolas, bewundern.
Wenn man von dem Fürstenpalast kommt, hat man bereits die Altstadt durchquert, wo die Ruhe der «carrugiettu» (Strässchen) und die Aufnahme ihrer Restaurants das Probieren monegassischer Spezialitäten ermöglichen: *barbagiuàns*, Krapfen und anderes Gefüllte...

Wenn man dann im historischen Herzen Monacos spazierengeht, kann man am Wachsmuseum halten (geschichtlicher Rückblick der Fürsten von Monaco) und sich in die Geschichte des Fürstentums zurückversetzen.
Auch am Museum des Alten Monaco muss man anhalten (ins Leben gerufen von dem Nationalkomitee Monegassischer Traditionen), das sich vornimmt, wie G. Franzi sagt, «Erinnerungen zu gruppieren, von denen einige noch gegenwärtig sind, nicht nur im Herzen und Geist, sondern auch im Leben und den Gebräuchen der Bewohner Monacos».
Auf dem Rathausplatz die Kapelle der Barmherzigkeit, die Reste monegassischer Kirchenkunst enthält, besonders ein grosses, aus Holz geschnitztes Prozessionskreuz, das anlässlich der Karfreitagsprozession geehrt wird.

Das Meereskundemuseum.

Der Saal für zoologische Meereskunde. ▷

MEERESKUNDEMUSEUM

Wenn man in den Gartenanlagen Saint-Martin spazierengeht, kann man sich zum Meereskundlichen Museum begeben; ein berufener Führer zeigt uns den Weg, Fürst Albert I, dessen Statue auf das Meer sieht. Der berühmte Meereskundler war 1899 der Gründer des Museums und 1906 des Meereskundlichen Instituts von Paris. Dieses erstere, 1910 eingeweihte Gebäude hat eine doppelte Aufgabe: das Werk seines Gründers durch wissenschaftliche Forschung fortzusetzen und die grösstmögliche Zahl von Personen daran teilnehmen zu lassen. Es ist viele Jahre von dem Kommandanten J. Y. Cousteau geleitet worden, der weltweit für seine Forschungen auf allen Meeren bekannt ist. Der Besuch umfasst: das Aquarium mit mehr als 70 Becken und Fischen aus allen Weltmeeren, den Saal für zoologische Meereskunde, den Vortragssaal, in dem wissenschaftliche Filme vorgeführt werden, den Hauptsaal mit den Expeditionsandenken von Fürst Albert I und schliesslich den Saal für physikalische Meereskunde mit einer ständigen Ausstellung über die Erde.

Zwei der zahlreichen Aquariumsäle. ▷

BEAUSOLEIL
ROUTE DE LA
LES REVOIRES
MONEGHETTI
CORNICHE
MOYENNE
BD DU JARDIN EXOTIQUE
BD DE BELGIQUE
BD RAINIER III
BD CHARLES III
BD DE FONTVIEILLE
BD DE SUISSE
BD DES MOULINS
BD PRINCESSE CHARLOTTE
AV. PASTEUR
AV. CROVETTO FRÈRES
RUE LOUIS AUREGLIA
RUE GRIMALDI
RUE BELLEVUE
RUE BEL RESPIRO
RUE JEAN JAURÈS
PARC PRINCESSE ANTOINETTE
JARDINS EXOTIQUES
HÔPITAL PRINCESSE GRACE
CIMETIÈRE
GARE DE MONACO
PLACE SAINT DÉVOTE
RADIO MONTE-CARLO
PLACE D'ARMES
PLACE CANTON
RUE DU STADE
AV. PRINCE HÉRÉDITAIRE ALBERT
STADE LOUIS II
AVENUE DES CASTELLANS
PLACE DES CAMPANINS
FONTVIEILLE
CHAPITEAU
HELIPORT
QUAI DES SANBARBANI
PORT DE FONTVIEILLE
CENTRE D'ACCLIMATATION ZOOLOGIQUE
PALAIS DU PRINCE
PLACE DU PALAIS
POINTE STE. BARBE
CATHÉDRALE
MUSÉE OCÉANOGRAPHIQUE
POINTE ST. MARTIN
MONACO-VILLE
POINTE LA POUDRIÈRE
CIAPPAIRA
AV. SAINT MARTIN
RUE DES REMPARTS
AV. DE LA PORTE NEUVE
QUAI ALBERT 1er
QUAI ANTOINE 1er
AV. DE LA QUARANTAINE
STADE NAUTIQUE RAINIER III
LA CONDAMINE
PORT DE MONACO
AV. D'OSTENDE
AV. DU PDT JOHN FITZGERALD KENNEDY
QUAI DES ETATS-UNIS
BUREAU HYDROGRAPHIQUE INTERNATIONAL
SPORTING CLUB D'HIVER
PLACE DU CASINO
OPÉRA
BD LOUIS II
AV. DE MONTE CARLO

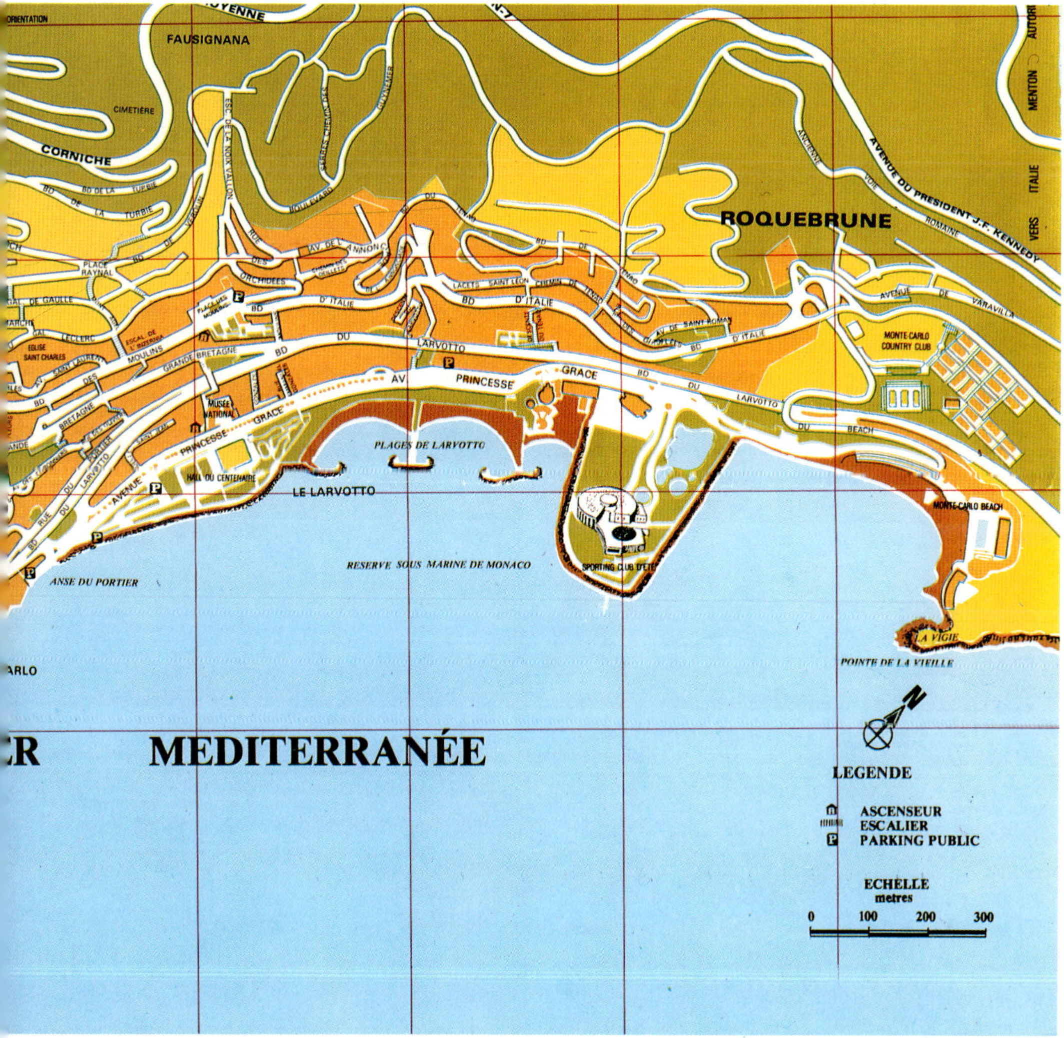
FAUSIGNANA
CORNICHE
ROQUEBRUNE
AVENUE DU PRESIDENT J.F. KENNEDY
MENTON
VERS ITALIE
MONTE-CARLO COUNTRY CLUB
AV. PRINCESSE GRACE
BD DU LARVOTTO
BD D'ITALIE
PLAGES DE LARVOTTO
LE LARVOTTO
HALL DU CENTENAIRE
MUSÉE NATIONAL
SPORTING CLUB D'ETE
MONTE-CARLO BEACH
LA VIGIE
POINTE DE LA VIEILLE
RESERVE SOUS MARINE DE MONACO
ANSE DU PORTIER
MEDITERRANÉE
LEGENDE
ASCENSEUR
ESCALIER
PARKING PUBLIC
ECHELLE
metres
0 100 200 300

Verschiedene Ansichten des exotischen Gartens.

EXOTISCHER GARTEN

Auf Initiative von Fürst Albert I wurde dieses touristische Zentrum 1933 durch Fürst Louis II eingeweiht, und es bedurfte nicht weniger als zwanzig Jahre Arbeit, um diesen Ort herzurichten, der das Fürstentum aus einer Höhe von 120 m überragt. In diesem Rahmen, begünstigt durch ein besonders angepasstes Klima (Mikro-Klima begünstigt durch Felsen, die Wärme speichern), kann man eine der schönsten Pflanzenwelten aus dürren und subtropischen Zonen bewundern.

Mehr als tausend Arten von sogenannten Fettpflanzen (oder Sukkulenten, da mit Saft angefüllt), die vom amerikanischen Erdteil, besonders von Südafrika kommen, Kakteen, die manchmal hundert Jahre alt sind, Wolfsmilchgewächse, Palmlilien, Agaven, Aloë, werden hier akklimatisiert, in dem grössten Steingarten der Welt mit Saftpflanzen. Er ist eine der meistphotographierten Stellen der französischen Riviera mit mehr als einer halben Million Besucher jährlich.

Ausserdem beherbergt ein botanisches Zentrum, das nicht dem Publikum geöffnet ist, mehrere tausend Pflanzen. Am unteren Ende des Exotischen Gartens befindet sich der Eingang zur Grotte des Observatoriums. In einem ersten Stadium wurde sie in den Jahren 1916-1920 auf Initiative von Fürst Albert I ausgegraben, zwischen 1947 und 1950 von L. Barral hergerichtet und 1950 dem Publikum geöffnet.

Zahlreiche Säle und Konkretionen zwischen 104 und 28 m Höhe lassen uns Stalagtiten und Stalagmiten entdecken. Das 1902 von Fürst Albert I gegründete und 1957 von Fürst Rainier III an diesen Ort verfügte Museum für vorgeschichtliche Anthropologie, das L. Barral und S. Simonne einrichteten, umfasst zwei Säle.

Der Saal Albert I enthält die Jagdtrophäen des Fürsten, die er von seinen Expeditionen mitbrachte, sowie einen Überblick über allgemeine Vorgeschichte.

Der Saal Rainier III zeigt eine Sammlung von «Vorkommen» aus regionalen Ausgrabungen: Grotten des Observatoriums und Grotte der «bas-Moulins» (Mühlen) in Monaco, Fürstengrotte in Grimaldi an der Küste des italienischen Ligurien, sowie verschiedene Anlagen in Alpes-Maritimes und Hérault.

Eine Grabstätte aus Grimaldi; eine Frau und ein Jüngling, die in gekrümmter Haltung ruhen, sollen beweisen, dass die Anlagen im mittleren Paläolithikum (ungefähr 50.000 Jahre) und im oberen Paläolithikum (ungefähr 20.000 Jahre) bewohnt waren.

◁ *Die Grotte.*

Gesamtansicht von Monte-Carlo.

MONTE-CARLO UND KASINO

François Blanc, der geniale Geschäftsmann, übernimmt am 2. April 1863 (mit Erfolg) die Konzession der 1856 unter dem Namen «Société anonyme des Bains de Mer de Monaco et de Cercle des Etrangers» gegründete «Société anonyme des Bains de Mer de Monaco». Sehr schnell werden auf der Hochebene von Les Spélugues das Kasino (1863), das Hôtel de Paris (1864) und das Café de Paris (1868) gebaut. Und durch höchste Verordnung vom l. Juni 1866 gibt Fürst Charles III diesem Viertel, das zum «Goldenen Viertel» des Fürstentums wurde, offiziell den Namen Monte-Carlo.

Die Zeit um 1900 und ihre Flut von Berühmtheiten gaben diesem Ort seine Pracht und seinen Weltruf.
Die Grossherzöge Nicolas, Boris und Michel, Leopold II, Caruso, Winston Churchill, Sarah Bernhardt, Aristoteles Onasis, der Aga Khan haben sich hier getroffen.
Die immer gegenwärtige Erinnerung an sie führt uns durch die vielen Säle der Spieltische und Automaten, des *drugstore* und des Restaurants des Café de Paris in einer kosmopolitischen Atmosphäre. Dieser Komplex ist kürzlich renoviert worden, wodurch er seinen ganzen Glanz zurückerhalten hat.

Die Gartenanlagen des Kasinos.

Der Saal Europa des Kasinos.

Das Café de Paris.

Das Hôtel de Paris.

Das Hôtel de Paris gegenüber taucht uns in eine noch zauberhaftere und raffiniertere Atmosphäre. Der Besuch wäre nicht vollständig, ohne in das berühmteste Kasino der Welt einzudringen. Wir befinden uns in der 1878 gebauten Vorhalle, die mit zahlreichen Säulen, Bronzestatuen und Brunnenbecken von Lacarrière ausgestattet ist. Auf der einen Seite befindet sich der Eingang zu den Sälen für amerikanische und europäische Spiele (Bakkarat, Roulett, *black-jack, craps*).

Im Südflügel ist die Oper von Monte-Carlo untergebracht; dieser von Charles Garnier, dem Architekten der Pariser Oper, gebaute und 1879 eingeweihte Saal hat seit seiner Eröffnung die Uraufführung vieler Opern gesehen; die «Fausts Verdammung» (1893), «Der Jongleur von Notre-Dame» (1902), «Das Kind und die Zaubereien» (1925), aber vor allem das berühmte russische Ballett von Sergei Diaghilev mit dem grossen Tänzer Nijinski als Star, der 1911 zum ersten Mal «der Geist der Rose» interpretierte.

Wenn man aus dem Kasino kommt, kann man die Südfassade bewundern, an deren unterem Ende die hängenden Gärten das Meer beherrschen. Diese Promenade bringt uns zu dem neuen Architekturkomplex des Hôtel Loews und des Kongresszentrums Auditorium.

LARVOTTO

Schon 1913 legte Fürst Albert I den ersten Stein des zukünftigen Badezentrums des Fürstentums.
1956 nahme die Achse, die diese neuen Viertel durchquert, den Namen Avenue Princesse Grace an.
Auf diesen Erdauffüllungen mit einer Oberfläche von 5 ha sind einige der kulturellen, touristischen und Freizeitzentren Monacos versammelt.
Das zukünftige «Kultur- und Ausstellungszentrum», das auf dem Gelände der Jahrhunderthalle gebaut ist, wird in nächster Zukunft die verschiedenen, in Monte-Carlo organisierten Kongresse und Veranstaltungen aufnehmen.
An der Meeresfront beherrschen luxuriöse Gebäude das Ufer, an dem sich die 450 m des neuen Sandstrandes von Larvotto erstrecken.
Der 1974 eingeweihte Sommer-Sporting-Club erwartet uns mit seinen Sälen für Vorstellungen, dem «Sternensaal», Spielen, seinen Restaurants und Nachtklubs: «Jimmy's», «Maona». Jedes Jahr findet im «Sternensaal» der Rosenball und die Gala des monegassischen Roten Kreuzes statt.
Weiter weg, auf französischem Gebiet, empfängt uns der prunkvolle Hotelkomplex der S.B.M., Monte-Carlo Beach, mit seinem «Old Beach Hotel», seinem Schwimmbad, seinen Privatstränden und seinen Tennisplätzen des Monte-Carlo Country Club. In 800 m Höhe über den Hängen des Mont Agel vervollständigt der Golf Club diesen Komplex.
Von der futuristischen Architektur des Larvotto sticht das Nationalmuseum des Architekten Charles Garnier ab, das eine bedeutende Sammlung an Puppen und Automaten des XVIII. und XIX. Jahrhunderts beherbergt, zusammengestellt von Madeleine De Galea. In dem Rosengarten, der dieses Museum umgibt, sind Werke von J.B.Carpeaux, Aristide Maillol und von Emma de Sigaldi ausgestellt.

Der Strand von Larvotto.

Der Monte-Carlo Country-Club.

Die Avenue Princesse Grace.

Nationalmuseum.

Das Viertel Fontvieille.

FONTVIEILLE UND ZOO

Am Fuss des Felsens ist das neue Viertel Fontvieille entstanden. Das am 25. Januar 1985 eingeweihte Stadion Louis II kann mehr als 20.000 Personen aufnehmen, die sich jede Spielzeit für die nationale Fussballmannschaft A.S.M. begeistern. Sie nimmt an den Kämpfen um die Meisterschaft von Frankreich und um verschiedene europäische Pokale teil.
Ausser dem Stadion umfasst dieser Sportkomplex einen Saal für alle Sportarten, ein olympisches Schwimmbad, ein Sprungbecken... Nicht weit davon empfängt uns der Rosengarten Princesse Grace, den Fürst Rainier III 1984 zur Erinnerung an seine Ehefrau schuf, für einige Augenblicke des Entzückens und der inneren Sammlung.

Ein in der Nähe aufgestelltes Zirkuszelt nimmt jedes Jahr das 1974 von dem regierenden Fürsten geschaffene Internationale Zirkusfestival auf.
Man kann hier den grössten Zirkusnummern der ganzen Welt applaudieren.
Wenn man zum Viertel La Condamine über den Platz du Canton zurückgeht, bietet das 1954 von Fürst Rainier III gegründete zoologische Akklimatisierungszentrum zur grössten Freude der Grossen und Kleinen verschiedene Arten der tropischen, besonders afrikanischen Tierwelt an.
Durch diese Auffüllung, deren Gebiete dem Meer abgewonnen wurden, hat sich das Fürstentum territorial vergrössern können, was ihm einen neuen wirtschaftlichen Aufschwung eingebracht hat.

Der Rosengarten Princesse-Grace

Das Stadion Louis II.

Das Viertel Fontvieille.

Das Zentrum für zoologische Akklimatisierung.

Der Hafen. ▷

SAINTE DEVOTE

In der Mulde des kleinen Tals von Les Gaumates befindet sich eine kleine Kirche, die Sainte Dévote heisst.
Der Legende zufolge strandete am 27. Januar 304 ein von Korsika gekommenes und von einer Taube geleitetes Schiff an der Küste. Darin befand sich die Leiche einer jungen christlichen Märtyrerin. Von Fischern entdeckt, wurde sie zur Schutzheiligen Monacos. An dieser Stelle steht eine Kapelle, wo die Reliquien der Heiligen aufbewahrt wurden.
Jedes Jahr werden an diesem Datum im ganzen Fürstentum religiöse Feierlichkeiten gehalten, und die Fürstenfamilie verbrennt zu Ehren der Schutzheiligen ein Fischerboot, aus dem eine weisse Taube entflieht.

Die Kirche Sainte Dévote.

Der Brand des Bootes anlässlich des Festes der Schutzheiligen.

Der Kasino-Platz und der «Camembert».

GRAND PRIX UND RALLYE

Das 1929 auf Initiative des Fürsten Louis II und auf Betreiben von Anthony NOGHES geschaffene Autorennen Grand Prix von Monaco spielt sich jedes Jahr auf einer Rennstrecke ab, die in der Stadt angelegt ist. Diese Rennstrecke, die mehrmals aus Sicherheitsgründen verändert wurde, ist trotzdem eine der schönsten und eindrucksvollsten der Weltmeisterschaft geblieben. Die Rennfahrer legen die 78 Runden von einer Länge von 3,3 km mit Geschwindigkeiten zurück, die 270 km/h erreichen können. Zahlreiche Sieger mit angesehenen Namen wie Chiron, Brabham, Fangio, Stewart, Lauda oder Proust haben oft die rotweisse Fahne Monacos niedergehen sehen, die ihre Rennwagen freigesetzt hat.
Bei der Ankunft erhält der Sieger aus der Hand des Fürsten den so begehrten Pokal, der ihm erlaubt, seinen Namen in der angesehenen Liste der Preisträger des Automobilklubs von Monaco einzutragen.
Man muss bis 1911 zurückgehen, um den Ursprung der Rallye Monte-Carlo zu finden, die in der Regierungszeit des Fürsten Albert I begann. Die Bewerber steuerten Monaco von verschiedenen europäischen Städten aus an. Dreiundzwanzig mutige Rennfahrer erreichten damals das Fürstentum. Der Sieger dieses ersten Wettkampfes war Henri ROUGIER, der als Flieger bekannter war.
Seitdem ist die Rallye zu einer der angesehensten der Welt geworden, auf die sich Konstrukteure und Rennfahrer das ganze Jahr vorbereiten. Es ist nicht selten, nach den ersten Schneefällen Rennwagen zu sehen, die in der letzten Nacht die Strecke erkunden, die das Bravourstück der Rallye ist, sowie ihre berühmten Passagen auf dem Turini-Hügel.

Der Grand Prix von Monaco.

Die Rallye alter Wagen.

Die Kurve von Le Loews.

Luftansicht Monacos.

Monaco, der Hafen, der Felsen.

Feuerwerk im Fürstentum von Monaco.

ABSCHLUSS

Wir hoffen, dass wir durch diesen Spaziergang unsere Liebe für dieses Land haben vermitteln können und dass Ihre Schritte von neuem die kleinen Strassen Monacos betreten, «...diese von der Natur gebaute Festung, um sich gegen die Invasion zu schützen..., diese glückliche Menschenrasse, dieses kleine Universum, dieser in einem Meer aus Silber gefasste Edelstein..., dieser gesegnete Ort, diese Erde,...» * dieses Fürstentum.

* W. Shakespeare («Richard II», 2. Akt)